GESCHENKT FÜR
VON

Max Lucado, geb. in West Texas, ist Pastor an der Oak Hills Church of Christ in San Antonio/Texas. Seine Titel sind ständig auf den Bestsellerlisten in den USA zu finden. Auch im deutschsprachigen Europa hat er durch seinen außergewöhnlichen, mitempfindenden Schreibstil viele begeisterte Leser. Die Zeitschrift »Christianity Today« zählt ihn zu den besten christlichen Autoren Amerikas. Er ist verheiratet, Vater von drei Töchtern und Autor mehrerer Bücher.

Hänssler-Hardcover
Bestell-Nr. 394.098
ISBN 3-7751-4098-0

Published by J. Countryman, a division of Thomas Nelson Inc., Nashville, Tennessee, USA
Compiled and edited by Terri Gibbs
Designed by Koechel Peterson and Associates, Inc., Minneapolis, Minnesota

Texte entnommen aus:
Max Lucado, The Applause of Heaven, Nelson 1996
Max Lucado, How to study the bible, www.maxLucado.com
Max Lucado, He Reminded us of You (A Prayer for a Friend)
Max Lucado, Wie du Gott ganz vertrauen kannst, Hänssler/One Way 1998
Max Lucado, Weil Gott dich trägt, Hänssler 1999
Max Lucado, Wenn Gott dich sanft beim Namen ruft, Hänssler 2003
Max Lucado, Das Haus Gottes, Hänssler 2004

Originaltitel: Let the Journey Begin
Übersetzung: Herta Martinache

Internet: www.haenssler.de
E-Mail: info@haenssler.de
Satz: Vaihinger Satz + Druck, Vaihingen/Enz
Druck und Bindung: Ebner & Spiegel, Ulm
Printed in Germany

Die Bibelstellen wurden, wenn nicht anders angegeben, nach »Neues Leben. Die Bibelübersetzung«, © 2002 by Hänssler Verlag, D-71087 Holzgerlingen, zitiert.

ecpa International Member of the Evangelical Christian Publishers Association

GOTTES WEGWEISER
FÜR DIE REISE

Alles Gute für die Reise

MAX LUCADO

hänssler

INHALT

Eine Weggabelung
Wie geht es weiter?

Gefahren und Umwege
Verringern Sie die Geschwindigkeit, vermeiden Sie ein Unglück

Es ist gut, zu zweit zu sein
Ein Freund für die Reise

Vorwort

TIEF IN JEDEM HERZEN IST EINE
SEHNSUCHT NACH SINN,
EINE SUCHE NACH DEM WOZU VERBORGEN.

Wenn Sie einen beliebigen Menschen nach dem Sinn des Lebens fragen, erhalten Sie vermutlich die Antwort: »Ich weiß es nicht.« Bestenfalls räumt er vielleicht ein, dass wir höher entwickelte Tiere sind, schlimmstenfalls meint er, wir seien geordneter Weltraumstaub.

Welch ein Gegensatz zu Gottes Vorstellung vom Leben: »Denn wir sind Gottes Schöpfung. Er hat uns in Christus Jesus neu geschaffen, damit wir zu guten Taten fähig sind, wie er es für unser Leben schon immer vorgesehen hat« (Epheser 2,10).

Gott legt seine Hand auf Ihre Schulter und sagt: »Du bist etwas Besonderes.«

Da er nicht an die Zeit gebunden ist, sieht er uns alle. Schon bevor wir geboren wurden, sah er uns.

Und er liebt, was er sieht. Und wie er es liebt! Voller Stolz wendet sich der Schöpfer der Sterne einem jeden Einzelnen von uns zu und sagt: »Du bist mein Kind, ich liebe dich von ganzem Herzen.«

Und er liebt uns für alle Zeit. Selbst wenn Sie sich einmal von ihm abwenden und weglaufen sollten, dann hat er schon für den Rückweg gesorgt. Nichts kann Sie von seiner Liebe trennen. Wenn Sie diese Wahrheiten fest in Ihrem Herzen verankern, sind Sie bereit für alles, was Ihnen auf dem Weg, der vor Ihnen liegt, begegnen kann.

Alles Gute für die Reise!

Max Lucado

Welch ein Gott!

Denken Sie über das nach, was Gott getan hat.

Er übt unseren Sünden gegenüber keine Nachsicht und steckt seine Maßstäbe nicht zurück.

Er verschließt die Augen nicht vor unserer Rebellion und setzt seine Anforderungen nicht herab.

Anstatt über unsere Sünde hinwegzugehen, nimmt er sie auf sich und – es ist unfassbar – verurteilt sich selbst.

Gottes Heiligkeit ist gewahrt. Unsere Sünde ist bestraft … und wir sind erlöst.

Gott tut, was wir nicht tun können, damit wir sein können, wovon wir nicht zu träumen wagen: vollkommen vor Gott.

Weil Gott dich trägt

Gottes Plan für die Lebensreise
Eine Karte, die zum Ziel führt

Die Kernfrage im Leben lautet nicht:
»Wie stark bin ich?«,
sondern: »Wie stark ist Gott?«

Wohin die Reise geht

»DENK ÜBER DAS WESEN GOTTES NACH, NICHT ÜBER DIE KRAFT DEINER MUSKELN ...«

So (oder so ähnlich) sprach Gott zu Mose. Erinnern Sie sich an das Gespräch beim brennenden Busch? Gleich im ersten Satz wurde der Ton angegeben. »Zieh deine Schuhe von deinen Füßen; denn der Ort, darauf du stehst, ist heiliges Land!« (2. Mose 3,5 – Luther '99). Mit diesen wenigen Worten beginnt Gott, Mose zu unterweisen. Sofort werden die Rollen festgelegt. Gott ist heilig. Es ist anmaßend, sich ihm auch nur auf einem Stückchen Leder zu nähern ... Da wird keine Zeit vergeudet, Mose davon zu überzeugen, was er tun kann. Aber viel Zeit wird damit verbracht, Mose zu erklären, was Gott tun kann.

Wir neigen eher zum Gegenteil. Wir würden Mose erklären, wie ausgezeichnet er dazu geeignet ist, nach Ägypten zurückzukehren ... Dann würden wir Mose daran erinnern, wie ausgesprochen begabt er für Reisen in der Wüste ist ... Wir würden viel Zeit dafür aufwenden, mit Mose seinen Lebenslauf und seine Stärken durchzugehen ...

Doch Gott tut das nicht. Moses Stärke wird nie in Erwägung gezogen. Es gibt keine aufmunternden Worte und keinen lobenden Zuspruch. Mit keinem einzigen Wort wirbt Gott um Mose. Doch mit vielen Worten offenbart er sich selbst. Nicht Moses Kraft ist das Thema, sondern die Kraft Gottes.

Das Haus Gottes

Nicht Nägel hielten Gott am Kreuz,
sondern Liebe.

Die Kraft der Liebe Gottes

»Kann mich etwas daran hindern, euch zu lieben?«, fragt Gott. »Schaut doch, wie ich eure Sprache spreche, auf eurer Erde schlafe und eure Schmerzen fühle. Schaut, wie der Schöpfer des Gesichts- und Gehörsinns niest, hustet und sich die Nase putzt. Ihr fragt euch, was ich fühle? Schaut in die lebhaften Augen des Kindes in Nazareth; hier seht ihr, wie Gott zur Schule geht. Schaut euch das Kleinkind an Marias Tisch an; hier seht ihr, wie Gott seine Milch verschüttet.

Ihr fragt euch, wie lange meine Liebe dauern wird? Sucht die Antwort am Kreuz auf einem felsigen Hügel. Ich bin es, den ihr da oben seht, euer Schöpfer, euer Gott, von Nägeln durchbohrt und blutend. Mit Speichel bedeckt und mit Sünden beladen. Es ist eure Sünde, die ich fühle. Es ist euer Tod, den ich sterbe. Es ist eure Auferstehung, die ich lebe. So sehr liebe ich euch.«

Weil Gott dich trägt

STOPP
Du änderst dein Leben,
indem du dein Herz änderst.

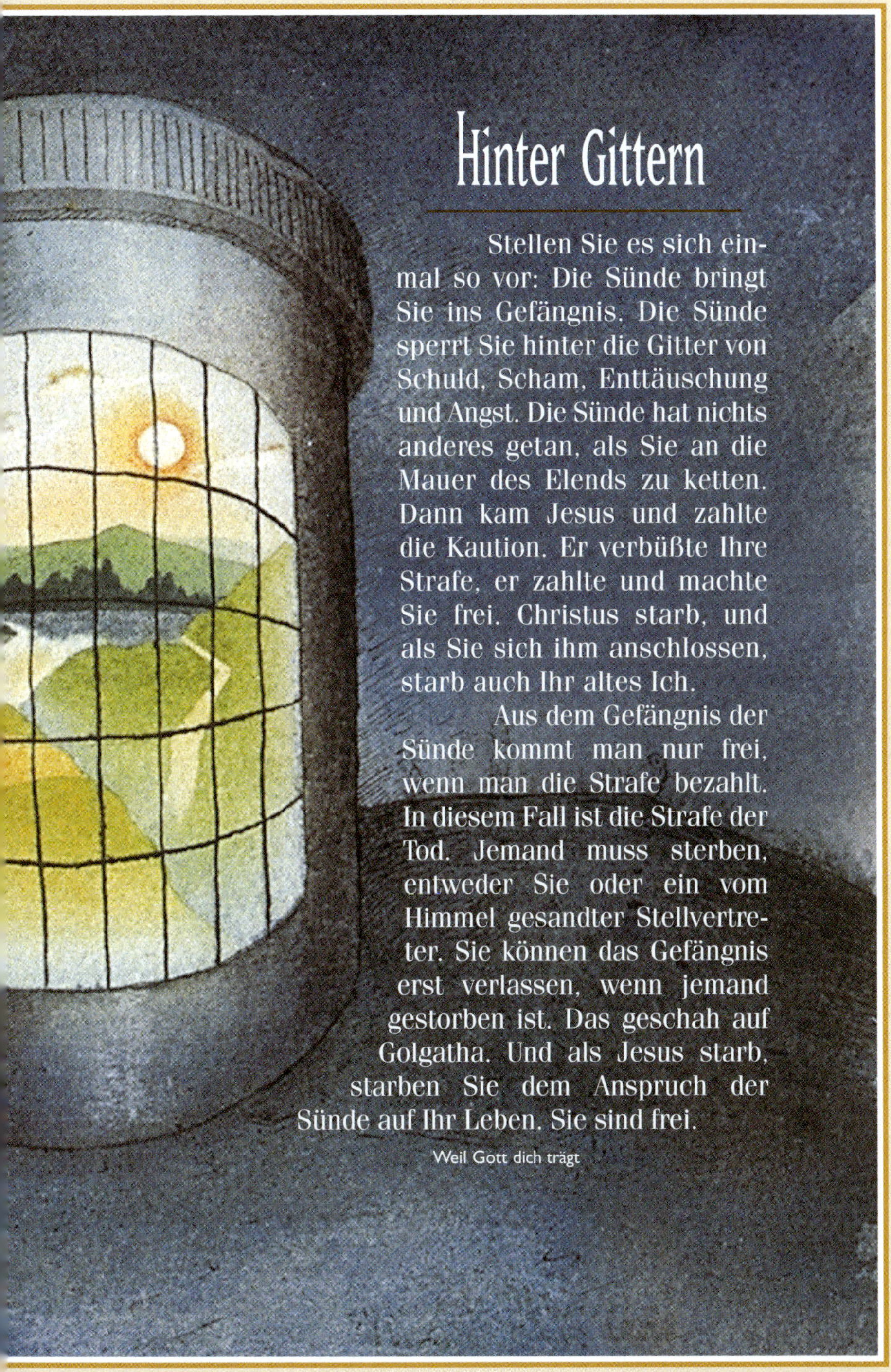

Hinter Gittern

Stellen Sie es sich einmal so vor: Die Sünde bringt Sie ins Gefängnis. Die Sünde sperrt Sie hinter die Gitter von Schuld, Scham, Enttäuschung und Angst. Die Sünde hat nichts anderes getan, als Sie an die Mauer des Elends zu ketten. Dann kam Jesus und zahlte die Kaution. Er verbüßte Ihre Strafe, er zahlte und machte Sie frei. Christus starb, und als Sie sich ihm anschlossen, starb auch Ihr altes Ich.

Aus dem Gefängnis der Sünde kommt man nur frei, wenn man die Strafe bezahlt. In diesem Fall ist die Strafe der Tod. Jemand muss sterben, entweder Sie oder ein vom Himmel gesandter Stellvertreter. Sie können das Gefängnis erst verlassen, wenn jemand gestorben ist. Das geschah auf Golgatha. Und als Jesus starb, starben Sie dem Anspruch der Sünde auf Ihr Leben. Sie sind frei.

Weil Gott dich trägt

Doch Gott ist so barmherzig und liebte uns so sehr, dass er uns, die wir durch unsere Sünden tot waren, mit Christus neues Leben schenkte (Epheser 2,4-5).

Ein neuer Spieler im Team

Als Kinder spielten wir oft auf der Straße Fußball. Kaum waren wir von der Schule zu Hause, warfen wir die Bücher in die Ecke und rannten auf die Straße. Der Junge von gegenüber hatte einen Vater, der ein großer Fußballfan war. Sobald wir sahen, dass er von der Arbeit nach Hause kam, schrien wir schon, dass er zu uns kommen und mit uns spielen sollte. Er konnte nicht widerstehen. Fair, wie er war, fragte er jedes Mal: »Welche Mannschaft ist dabei zu verlieren?« Dann spielte er in dieser Mannschaft mit. (Ich glaube, es war meistens meine.)

Wenn wir uns um ihn als Kapitän drängten, um Anweisungen und Tipps zu bekommen, änderte sich das ganze Spiel. Er war zuversichtlich, stark und was am wichtigsten war, er hatte einen Plan. Wir stellten uns im Kreis um ihn herum auf, er schaute uns an und sagte: »Okay, Jungs, so machen wir das.« Die andere Seite stöhnte, schon bevor wir zu spielen begannen. Wir hatten ja nicht nur einen neuen Plan, sondern einen neuen Boss.

Dieser Vater brachte neues Leben in unsere Mannschaft. Gott tut genau dasselbe. Wir brauchten kein neues Spiel; wir brauchten einen neuen Plan. Wir brauchten nicht die Positionen zu wechseln; wir brauchten einen neuen Spieler. Dieser Spieler ist Jesus Christus, Gottes Sohn.

Weil Gott dich trägt

Beantworten Sie die großen Fragen der Ewigkeit, und Sie sehen die kleinen Fragen des Lebens im richtigen Verhältnis.

Die Wahrheit wird siegen

Stellen Sie sich vor, Sie sind ein Eisschnellläufer während einer Meisterschaft. Sie stehen an erster Stelle, aber noch ist eine Runde zu bewältigen. Wenn Sie jetzt gute Leistung bringen, sind Sie der Sieger. Sie sind nervös, ängstlich und unruhig.

Dann, nur eine Minute bevor Sie an der Reihe sind, eilt Ihr Trainer mit einer überwältigenden Nachricht zu Ihnen: »Du hast bereits gewonnen! Die Richter haben die Punkte in die Tabelle eingetragen, und die Person an zweiter Stelle kann dich nicht mehr einholen. Du liegst zu weit vorne.«

Wie fühlen Sie sich, wenn Sie das hören? Überglücklich!

Und wie werden Sie laufen? Zaghaft? Vorsichtig? Von wegen! Natürlich mutig und zuversichtlich. Sie werden Ihr Bestes geben, denn der Preis gehört Ihnen. Sie werden wie ein Champion laufen, denn Sie sind einer! Für Sie wird das Stadion in Applaus ausbrechen …

Eines ist klar: Die Wahrheit wird siegen. Der Vater der Wahrheit wird gewinnen, und die Nachfolger der Wahrheit werden gerettet.

The Applause of Heaven

Glaube ist das,
was die Seele so mutig macht,
dass sie Großes zu träumen wagt.

Woher der Mut kommt

Eine Geschichte aus Indien erzählt von einer Maus, die schreckliche Angst vor Katzen hatte, bis ein Zauberer sie in eine Katze verwandelte. Das erlöste sie von ihrer Angst – bis sie einen Hund sah. Deshalb verwandelte der Zauberer sie in einen Hund. Die Maus, die in eine Katze, beziehungsweise die Katze, die in einen Hund verwandelt worden war, lebte glücklich – bis sie einen Tiger sah. Noch einmal verwandelte der Zauberer sie in das, wovor sie sich fürchtete. Aber als der Tiger sich beklagte, weil er einen Jäger getroffen hatte, weigerte sich der Zauberer, ihm weiter zu helfen. »Ich werde dich wieder in eine Maus verwandeln, denn du hast das Herz einer Maus, obwohl du im Körper eines Tigers steckst.«

Kommt Ihnen das bekannt vor? Wie viele Menschen kennen Sie, die sich ein beeindruckendes Äußeres geschaffen haben, aber innerlich vor Angst zittern? Wir wollen mit unseren Ängsten fertig werden, indem wir wie ein Tiger auftreten. Wir kämpfen mit Gewalt gegen unsere Furcht an.

Und wenn wir keine Gewalt gebrauchen, so versuchen wir es mit anderen Methoden. Wir häufen Reichtum an. Wir suchen Sicherheit in Dingen. Wir pflegen unseren Ruf und streben nach einem bestimmten Status.

Funktioniert das? Können Macht, Besitz oder Ansehen uns wirklich von unseren Ängsten befreien?

Mut ergibt sich ganz natürlich aus dem, was wir sind. Äußere Stützen können vorübergehend tragen, doch nur, was wir im Inneren wirklich sind, schafft Mut.

The Applause of Heaven

Gott ist es lieber, wenn wir gelegentlich humpeln,
als dass wir ständig einherstolzieren.
Und wenn ein Dorn erforderlich ist, damit wir
das einsehen, dann liebt er uns so sehr,
dass er ihn nicht herauszieht.

Wenn Gott Nein sagt

MANCHMAL BEKOMMEN SIE GENAU DAS NICHT, WAS SIE SICH AM SEHNSÜCHTIGSTEN WÜNSCHEN …

Alles, was Sie wollen, ist eine offene Tür oder ein zusätzlicher Tag oder ein erhörtes Gebet, für das Sie Gott dann auch danken wollen.

Und so beten Sie und warten.

Keine Antwort.

Sie beten und warten.

Keine Antwort.

Sie beten und warten.

Darf ich Ihnen eine sehr wichtige Frage stellen? Was wäre, wenn Gott Nein sagt? Wenn die Erfüllung Ihrer Bitte hinausgeschoben oder gar abgelehnt wird? Wie werden Sie reagieren, wenn Gott Nein sagt? Werden Sie zufrieden sein, wenn er sagt: »Ich habe dir meine Gnade gegeben, und das ist genug.«?

Zufrieden. Das ist das Wort. Ein Zustand des inneren Friedens, wenn Gott Ihnen nicht mehr gibt als das, was er Ihnen bereits gegeben hat. Prüfen Sie sich mit der Frage: Was wäre, wenn Gottes einziges Geschenk an Sie seine Gnade wäre, mit der er Sie rettet? Wären Sie zufrieden?

Was wäre, wenn seine Antwort lautete: »Lass dir an meiner Gnade genügen.«? Wären Sie zufrieden?

Sehen Sie, vom Himmel aus gesehen ist Gnade genug.

Weil Gott dich trägt

Wenn Sie Gottes Herz anrühren wollen,
benutzen Sie den Namen,
den er so gerne hört.
Nennen Sie ihn Vater.

Wir alle brauchen einen Vater

Vor kurzem verbrachten meine Tochter Jenna und ich einige Tage in der Altstadt von Jerusalem … Eines Nachmittags, als wir durchs Jaffa-Tor gingen, befanden wir uns hinter einer orthodoxen jüdischen Familie – einem Vater mit seinen drei kleinen Mädchen. Eine der Töchter, vielleicht vier oder fünf Jahre alt, blieb einige Schritte zurück und konnte ihren Vater nicht mehr sehen. »Abba!«, rief sie hinter ihm her. Er blieb stehen und schaute zurück. Erst dann erkannte er, dass er seine Tochter verloren hatte. »Abba!«, rief sie wieder. Er entdeckte sie und streckte sofort seine Hand aus …

Ganz fest hielt er ihre Hand in der seinen, während sie den Weg hinabstiegen … Als die Ampel grün wurde, führte er sie und ihre Schwestern über die Kreuzung. In der Mitte der Straße beugte er sich hinunter und hob sie hoch in seine Arme, und dann gingen sie weiter.

Brauchen wir das nicht alle? Einen *Abba*, der hört, wenn wir rufen? Der uns an der Hand nimmt, wenn wir schwach werden? Der uns über die gefährlichen Kreuzungen des Lebens führt? Brauchen wir nicht alle einen *Abba*, der uns in die Arme nimmt und nach Hause trägt? Wir alle brauchen einen Vater.

Das Haus Gottes

*Auch Jesus bekam einen Brocken,
den er kaum schlucken konnte.
Doch mit Gottes Hilfe schaffte er es
(vgl. Matthäus 26,39).*

Nicht jeder Tag ist ein Zuckerschlecken

Gestern Abend während der Familienandacht rief ich meine Töchter zum Tisch und stellte vor jede einen Teller hin. In der Mitte des Tisches standen verschiedene Lebensmittel: Obst, rohes Gemüse und Süßigkeiten. »Alles, was wir an einem Tag erleben, ist wie ein Essen, das Gott uns auf den Teller tut«, erklärte ich. »Was schmeckt euch am besten?«

Die Antwort war einfach. Sara legte drei Bonbons auf ihren Teller. Es gibt solche Tage, nicht wahr? Es gibt Tage, die sind ein Zuckerschlecken. Aber es gibt nicht viele solcher Tage. Manchmal finden wir nur Gemüse auf unserem Teller – vierundzwanzig Stunden Sellerie, Karotten und Kürbis. Anscheinend weiß Gott, dass wir Kraft brauchen, und obwohl die Portion schwer zu schlucken ist, ist dies wohl gut für uns. Die meisten Tage jedoch haben etwas von allem. Gemüse, das gesund ist, aber fade schmeckt, Obst, das uns besser zusagt, und sogar Süßigkeiten, die für unsere Ernährung wenig nützlich sind, aber unsere Stimmung heben …

Wenn das nächste Mal auf Ihrem Teller eher Brokkoli als Apfelkuchen liegt, dann denken Sie daran, wer die Mahlzeit zubereitet hat. Und wenn Sie das nächste Mal den Eindruck haben, dass Sie Ihre Portion kaum schlucken können, dann sprechen Sie mit Gott darüber. So hat es Jesus gemacht.

Das Haus Gottes

*Bitten Sie
Gott nicht,
das zu tun,
was Sie wollen.
Bitten Sie Gott,
das zu tun,
was richtig ist.*

Was bei Enttäuschung hilft

ES IST NICHT LEICHT, WENN GOTT NICHT TUT, WAS WIR WOLLEN. DAS WAR NIE LEICHT UND WIRD NIE LEICHT SEIN. DOCH GLAUBE IST DIE ÜBERZEUGUNG, DASS GOTT MEHR ÜBER DIESES LEBEN WEISS ALS WIR UND DASS ER UNS ANS ZIEL BRINGEN WIRD.

Denken Sie daran, Enttäuschung wird durch geänderte Erwartungen geheilt.

Mir gefällt die Geschichte von dem Mann, der auf der Suche nach einem singenden Wellensittich in eine Kleintierhandlung ging. Er war Junggeselle, und in seinem Haus war es ihm zu ruhig. Der Geschäftsinhaber hatte genau den richtigen Vogel für ihn, also kaufte der Mann ihn.

Als der Junggeselle am nächsten Tag von der Arbeit nach Hause kam, war sein Haus voller Musik. Er ging zum Käfig, um den Vogel zu füttern. Da erst bemerkte er, dass der Wellensittich nur ein Bein hatte.

Der Mann fühlte sich betrogen, weil ihm ein Vogel mit einem Bein verkauft worden war. Er rief umgehend im Geschäft an und beschwerte sich.

»Was wollen Sie?«, antwortete der Geschäftsmann. »Wollen Sie einen Vogel, der singen kann, oder einen Vogel, der tanzt?«

Eine Frage, die man sich für Zeiten der Enttäuschung merken sollte.

»How to Study the Bible«

Gottes Freude erfahren nicht die,
die sie verdienen,
sondern die, die zugeben,
dass sie sie nicht verdienen.

Gott verspricht Freude

Neunmal verspricht er Freude. Und er verspricht sie einer zweifelhaften Schar:

- *»Den geistlich Armen«*, den Bettlern in Gottes Suppenküche.
- *»Denen, die traurig sind«*, den anonymen Sündern, die durch die Ehrlichkeit ihrer Selbsterkenntnis miteinander verbunden sind: »Hallo, ich bin's, ein Sünder.«
- *»Den Sanftmütigen«*, den Klavieren vom An- und Verkauf, auf denen ein ausgezeichneter Pianist spielt. (Er ist so gut, dass man die fehlenden Tasten gar nicht bemerkt.)
- *»Den Hungrigen und Durstigen«*, den ausgehungerten Waisen, die den Unterschied zwischen einem Schnellimbiss und einem Festschmaus spüren.
- *»Den Barmherzigen«*, den Menschen, die eine Million im Lotto gewinnen und diesen Gewinn mit ihren Feinden teilen.
- *»Menschen, die ein reines Herz haben«*, den Ärzten, die Leprakranke lieben und sich nicht anstecken.
- *»Den Friedensstiftern«*, den Architekten, die mit dem Holz des Kreuzes Brücken bauen.
- *»Den Verfolgten«*, den Menschen, denen es gelingt, den Himmel im Auge zu behalten, während sie auf der Erde durch die Hölle gehen.

Dieser Schar Pilger verspricht Gott einen besonderen Segen, eine himmlische Freude.

Aber diese Freude ist nicht billig. Was Jesus verspricht, ist nicht etwas, das Sie nur aufmuntert. Er schenkt auch nicht eine innere Einstellung, die immer wieder mühsam zurückgewonnen werden muss. Nein, die Bergpredigt beschreibt Gottes radikale Umgestaltung des Herzens.

The Applause of Heaven

Hast du dein Gehör verloren?

Es war einmal ein Mann, der forderte Gott zum Reden heraus.
»Zünde den Busch an, wie du es für Mose getan hast, Gott. Dann werde ich dir folgen.«
»Bringe die Mauern zum Einsturz, wie du es für Josua getan hast, Gott. Dann werde ich kämpfen.«
»Glätte die Wellen, wie du es am See Genezareth getan hast, Gott. Dann werde ich hören.«
So saß der Mann bei einem Busch, neben einer Mauer und am See und wartete, dass Gott redete.

Gott hörte den Mann und antwortete.
Er zündete ein Feuer an, aber nicht in einem Busch, sondern in einer Kirche.
Er riss eine Mauer nieder, aber nicht eine Mauer aus Stein, sondern die Mauer der Sünde.
Er stillte einen Sturm, aber nicht auf dem See, sondern in einer Seele.

Gott wartete auf die Antwort des Mannes.
Er wartete …
Und wartete …
Und wartete …

Aber da der Mann auf Büsche und nicht auf Herzen schaute, da er auf Ziegelsteine und nicht auf Menschen, auf Seen und nicht auf Seelen achtete, kam er zu dem Schluss, dass Gott nichts getan hatte.
Schließlich wandte er sich an Gott und fragte: *»Hast du deine Macht verloren?«*
Und Gott schaute ihn an und fragte: *»Hast du dein Gehör verloren?«*

A Gentle Thunder

Halten, schauen, hören
Was zu einer guten Reise gehört

Wachsen ist das Ziel des Christen.
Reif werden ist seine Aufgabe.

Gute Gewohnheiten

Mir gefällt die Geschichte von dem kleinen Jungen, der aus seinem Bett fiel. Als seine Mutter ihn fragte, wie das passieren konnte, antwortete er: »Ich weiß nicht. Ich bin wohl zu nah an der Stelle geblieben, wo ich eingestiegen bin.«

Auch mit dem Glauben kann so etwas leicht passieren. Es ist verlockend, da zu bleiben, wo man eingestiegen ist, und sich nicht fortzubewegen.

Nehmen Sie einen Zeitpunkt in nicht allzu ferner Vergangenheit, sagen wir vor einem oder vor zwei Jahren. Wie sieht Ihr Gebetsleben verglichen mit jener Zeit heute aus? Was ist mit Ihren Spenden? Sind sowohl der Betrag als auch die Freude größer geworden? Wie sieht es mit Ihrer Treue zur Kirche aus? Können Sie bei sich ein Wachstum feststellen? Und wie steht es mit dem Bibellesen? Wissen Sie heute besser als damals, wie man die Bibel kennen lernt?

Das sind sie schon, die vier Gewohnheiten, die man pflegen sollte. Ist es nicht schön zu wissen, dass es auch gute Gewohnheiten gibt? Machen Sie diese Gewohnheiten zu einem Teil Ihres Lebensstils. Dann werden Sie wachsen. Machen Sie nicht den gleichen Fehler wie der kleine Junge. Bleiben Sie nicht zu nahe an der Stelle, an der Sie eingestiegen sind. Sich nahe am Rand auszuruhen ist riskant.

Wenn Gott dich sanft beim Namen ruft

STOPP

Ihr Gebet auf der Erde setzt Gottes
Macht im Himmel in Bewegung,
und Gottes Wille geschieht »wie im Himmel,
so auf Erden«.

Gebete sind Edelsteine

Sie können zu Gott sprechen, weil Gott zuhört. Im Himmel hat Ihre Stimme Gewicht. Gott nimmt Sie sehr ernst. Wenn Sie in seine Gegenwart treten, wenden sich die Diener Ihnen zu, um Ihre Stimme zu hören. Keine Angst, dass Sie überhört werden, auch wenn Sie stottern oder stammeln, auch wenn das, was Sie zu sagen haben, niemanden beeindruckt, es beeindruckt Gott – und er hört zu …

Er ist ein aufmerksamer und interessierter Zuhörer. Unsere Gebete werden bei ihm in Ehren gehalten wie kostbare Edelsteine. Gereinigt und mit Kraft ausgestattet steigen die Worte Ihres Gebets wie ein köstlicher Wohlgeruch zum Herrn auf … sie machen nicht Halt, bis sie den Thron Gottes erreicht haben …

Ihre Gebete geben Gott den Anstoß dazu, die Welt zu verändern. Sie verstehen vielleicht das Geheimnis des Gebets nicht. Das brauchen Sie auch gar nicht. Aber eines ist klar: Der Himmel beginnt zu handeln, wenn jemand auf der Erde betet. Welch ein überwältigender Gedanke!

Das Haus Gottes

Das Problem ist nicht,
dass Gott nicht gesprochen hat,
sondern dass wir nicht gehört haben.

Richten Sie Ihren Kompass richtig aus

Wie würden Sie reagieren, wenn ich ein Telefonbuch nähme, es aufschlagen und verkünden würde: »Ich habe eine Liste mit allen Leuten gefunden, die von Sozialhilfe leben!«? Oder wenn ich sagen würde: »Hier sieht man, wer Akademiker ist!«? Oder: »In diesem Buch steht, wer ein rotes Auto fährt.«? Sie würden wahrscheinlich entgegnen: »Moment mal, das ist nicht der Zweck dieses Buches. Was Sie in der Hand haben, ist ein *Telefonbuch*. Sein einziger Zweck ist, die Namen und aktuellen Telefonnummern der Einwohner einer Stadt aufzulisten.«

Ein Telefonbuch kann man nur richtig gebrauchen, wenn man seinen Zweck kennt. Und nur wenn ich weiß, wozu die Bibel geschrieben wurde, kann ich von ihr richtig Gebrauch machen.

Der Zweck der Bibel ist schlicht und einfach die Verkündigung von Gottes Plan zur Rettung seiner Kinder. Sie erklärt, dass der Mensch verloren ist und gerettet werden muss. Und sie berichtet, dass Jesus Gott ist. Der Gott, der Mensch wurde, um seine Kinder zu retten.

Obwohl die Bibel im Verlauf von über eintausendsechshundert Jahren von mindestens vierzig verschiedenen Verfassern geschrieben wurde, hat sie nur ein zentrales Thema – die Rettung durch den Glauben an Christus. Von Mose in der einsamen Wüste Arabiens bis hin zu Johannes auf der einsamen Insel Patmos können wir einen roten Faden ausfindig machen: Gottes Liebe und sein Plan zur Rettung seiner Kinder.

Diese Wahrheit ist lebenswichtig! Den Zweck der Bibel zu verstehen, ist wie das richtige Ausrichten eines Kompasses. Wenn die Ausrichtung stimmt, dann reisen Sie sicher. Wenn Sie ihn jedoch überhaupt nicht ausrichten – wer weiß, wo Sie landen werden?!

»How to Study the Bible«

Wer die Gnade als Einladung zum Sündigen versteht, hat sie völlig missverstanden. Wer begriffen hat, was Barmherzigkeit ist, strebt nach Heiligkeit.

Die Gnade zeigt uns, wie wir leben sollen

Kommt es vor, dass wir uns am Abend etwas erlauben, weil wir wissen, dass wir am nächsten Morgen unsere Sünden bekennen werden?

Vielleicht ähneln wir dem Touristen, der Las Vegas besuchte und sich als Erstes bei einem Pfarrer nach den Zeiten des Sonntagsgottesdienstes erkundigte. Der Pfarrer war beeindruckt. »Die meisten, die nach Las Vegas kommen, gehen dort nicht zur Kirche.«

»Na ja, ich komme auch nicht wegen des Gottesdienstes nach Las Vegas. Ich komme wegen der Glücksspiele, der Partys und der Frauen. Aber auch wenn ich mich nur halb so viel vergnüge, wie ich mir vorgenommen habe, brauche ich am Sonntagmorgen einen Gottesdienst.«

Ist das der Zweck der Gnade? Will Gott unseren Ungehorsam fördern? Wohl kaum. »Denn die Gnade Gottes, die allen Menschen Rettung bringt, ist sichtbar geworden. Sie bringt uns dazu, dem Leben ohne Gott und allen sündigen Leidenschaften den Rücken zu kehren. Jetzt, in dieser Welt sollen wir besonnen, gerecht und voller Hingabe an Gott leben« (Titus 2,11-12). Gottes Gnade hat uns von Selbstsucht befreit. Warum sollten wir dorthin zurückkehren?

Weil Gott dich trägt

Jetzt seid ihr frei von der Sünde und dient stattdessen der Gerechtigkeit (Römer 6,18).

Ein neuer Maßstab

Ich war schon immer ein Schrankmuffel. Ich konnte den Sinn des Ordnunghaltens nur schwer begreifen. Warum das Bett machen, wenn man sich am Abend sowieso wieder hineinlegt? Ist es sinnvoll, schon nach einer einzigen Mahlzeit das Geschirr zu spülen? Ist es nicht leichter, die Kleider auf dem Fußboden neben dem Bett liegen zu lassen, damit sie am Morgen gleich griffbereit sind?

Dann heiratete ich …

Ich meldete mich bei einem Zwölfschritteprogramm für Messies an. (»Ich heiße Max und staubsauge nicht gerne.«) Ein Krankengymnast half mir, die Muskeln wieder zu entdecken, die man braucht, um Hemden auf den Bügel zu hängen und Toilettenpapier auf den Halter zu stecken. Meine Nase gewöhnte sich von Neuem an den Duft von Bodenpflegemitteln …

Aber dann kam die Stunde der Wahrheit. Meine Frau verreiste für eine Woche. Zunächst wollte ich wieder in meine alten Gewohnheiten zurückfallen. Ich dachte, ich werde sechs Tage lang das Chaos herrschen lassen und am siebten Tag aufräumen. Aber ein komisches Unbehagen machte sich in mir breit. Ich konnte nicht entspannen, solange schmutziges Geschirr im Spülbecken stand.

Was war mit mir geschehen?

Ganz einfach. Für mich galt ein neuer Maßstab.

Geht uns das als Christen nicht genauso?

Vor Christus war unser Leben in Unordnung. Wir legten die Regeln großzügig aus und waren mit uns selbst äußerst nachsichtig. Und das alles war uns nicht einmal bewusst, bis wir ihn kennen lernten.

Und jetzt entdecken wir plötzlich, dass wir Gutes tun wollen. Zurück ins alte Schlamassel? Das ist doch wohl nicht Ihr Ernst?!

Weil Gott dich trägt

STOPP
Wer vor Gott Geheimnisse hütet,
hält ihn auf Distanz.
Wer ehrlich vor Gott ist, nähert sich ihm.

Die Brücke

Es waren einmal zwei Bauern, die nicht miteinander auskamen. Eine tiefe Schlucht trennte ihre beiden Höfe, aber als Zeichen der Abneigung, die sie gegeneinander hegten, baute jeder auf seiner Seite außerdem einen Zaun, um den anderen von sich fern zu halten.

Doch dann lernte die Tochter des einen Bauern den Sohn des anderen kennen, und die beiden verliebten sich ineinander. Sie beschlossen, dass die Verbohrtheit ihrer Väter sie nicht trennen dürfe, und rissen die Zäune nieder. Dann nahmen sie das Holz der Zäune und bauten eine Brücke über die Schlucht.

Wenn wir unsere Sünden bekennen, geschieht dasselbe. Was wir bekannt haben, wird zu einer Brücke, über die wir zurück in die Gegenwart Gottes gehen können.

Weil Gott dich trägt

Gott liebt meinen Nächsten
und macht ihn zu meinem Bruder.

Die Mannschaft an Bord

Gott hat uns als Mannschaft angeheuert und uns auf sein Schiff gestellt. Das Unternehmen hat einen einzigen Zweck: uns sicher ans andere Ufer zu bringen.

Es handelt sich nicht um einen Vergnügungsdampfer, sondern um ein Schlachtschiff. Wir sind nicht zu einem bequemen Leben berufen, sondern zu einem Leben im Dienst. Jeder von uns hat eine andere Aufgabe. Die einen retten die Ertrinkenden und reißen Menschen aus dem Wasser. Andere sind mit der Abwehr des Feindes beschäftigt, deshalb besetzen sie die Geschütze des Gebets und des Lobpreises. Wieder andere versorgen die Mannschaft und kümmern sich um die Mahlzeiten und das Training der Besatzung.

Obwohl wir ganz unterschiedlich sind, haben wir doch alle eines gemeinsam: Jeder von uns kann von einer persönlichen Begegnung mit dem Kapitän berichten, denn jeder ist persönlich berufen worden. Er hat uns in den Hafenkneipen aufgelesen und uns eingeladen, ihm zu folgen. Als wir begriffen, wie sehr er uns liebt, vertrauten wir ihm und gingen mit ihm.

Wir alle folgten ihm über die Landungsbrücke seiner Gnade auf dasselbe Schiff. Wir wissen, wer der Kapitän ist und wohin es geht. Obwohl der Kampf heftig tobt, ist das Schiff außer Gefahr, denn unser Kapitän ist Gott. Es wird nicht sinken, kein Grund zur Sorge.

Weil Gott dich trägt

Wenn Gnade dich hält,
hast du die Freiheit,
ehrlich zu werden.

Ehrlich vor Gott

ALS ICH NOCH ZUR SCHULE GING, HAB ICH MAL EINEN GROSSEN FEHLER GEMACHT …

Unser Baseballtrainer war strikt gegen Kautabak. Wir hatten ein paar Spieler, die dafür bekannt waren, dass sie ab und zu gerne einen Priem kauten, und er machte es immer wieder zum Thema. Natürlich erreichte er genau das Gegenteil. Bald probierten wir es alle aus. Es war eine Art Männlichkeitsbeweis, sich etwas zu nehmen, wenn der Beutel die Bank entlang weitergereicht wurde.

Eines Tages hatte ich eben einen Priem in den Mund gesteckt, als einer der Spieler uns warnte: »Achtung, der Trainer!« Da ich nicht erwischt werden wollte, tat ich das Nächstliegende: Ich schluckte einmal kräftig. Und ich entdeckte für mich ganz persönlich eine ganz neue Bedeutung der Schriftstelle: »Denn als ich es verschweigen wollte, verschmachteten meine Gebeine …, dass mein Saft vertrocknete, wie es im Sommer dürre wird.« Das heißt: Ich zahlte den Preis für meinen Ungehorsam.

Mein Magen ist nicht für die Aufnahme von Tabak bestimmt. Und meine Seele nicht für die Aufnahme von Sünde.

Darf ich Sie ganz offen etwas fragen? Haben Sie Geheimnisse vor Gott? Gibt es Bereiche in Ihrem Leben, in denen ihm der Zutritt verboten ist? Verrammelte Kellerräume oder verschlossene Dachstuben? Gibt es Bereiche in Ihrer Vergangenheit oder Gegenwart, über die Sie mit Gott nie zu sprechen wünschen?

Hören Sie auf den Rat eines alten Baseballspielers: Wenn Sie es erst einmal los sind, wird es Ihnen viel besser gehen.

Weil Gott dich trägt

STOPP

Wir entdecken Freude,
wenn wir das Gefängnis des Stolzes verlassen
und unsere Auflehnung gegen Gott bereuen.

Der Acker unserer Seele

Das Bekenntnis der Sünde ist für die Seele so etwas wie das Pflügen des Ackers vor der Aussaat. Bevor ein Landwirt Samen aussät, bearbeitet er den Acker, entfernt Steine und Wurzeln. Er weiß, dass der Same besser wächst, wenn das Land vorbereitet ist. Das Bekenntnis der Sünden ist die Bitte an Gott, über den Acker unseres Herzens zu gehen. »Dort drüben ist ein Stein der Habgier, Vater. Ich kann ihn nicht von der Stelle bewegen. Und dieser Baum der Schuld neben dem Zaun – der hat lange und tiefe Wurzeln. Darf ich dir noch etwas trockene Erde zeigen, die zu verkrustet ist, um Samen aufnehmen zu können?« Gottes Samen wächst besser, wenn die Erde des Herzens von so etwas befreit ist.

Und so gehen der Vater und der Sohn gemeinsam über den Acker; sie graben um und reißen manches heraus und bereiten so das Herz auf die Frucht vor. Das Sündenbekenntnis ist die Bitte, die Erde unseres Herzens zu bearbeiten.

Es will Vergebung von Gott erreichen, keine Amnestie. Vergebung setzt Schuld voraus; Amnestie, von dem griechischen Wort *amnesia* abgeleitet, »vergisst« das vermutete Vergehen, ohne jede Schuldanerkenntnis. Das Bekenntnis gibt die Verfehlung zu und bittet um Vergebung; Amnestie streitet die Verfehlung ab und macht Unschuld geltend.

Weil Gott dich trägt

Wie wirst du dich entscheiden?

Auf einer Seite steht die Menge.
Höhnend.
Lockend.
Fordernd.

Auf der anderen Seite steht ein armer Bauer.
Geschwollene Lippen.
Verquollene Augen.
Ein großes Versprechen.

Die eine Seite verspricht Anerkennung,
die andere das Kreuz.
Die eine bietet Luxus und Genuss,
die andere Glauben.

Die Menge schreit: »Folge uns und werde wie wir!«
Jesus verspricht: »Folge mir nach und wage, anders zu sein.«

Die Menge verspricht Anklang.
Gott verspricht Rettung.

Gott schaut dich an und fragt …
Wie wirst du dich entscheiden?

A Gentle Thunder

Eine Weggabelung
Wie geht es weiter?

STOPP
Sie behaupteten, weise zu sein,
und wurden dabei zu Narren
(Römer 1,22).

Der Sinn des Lebens

WENN SIE TIEF IM HERZEN DER MENSCHEN SUCHEN, DANN FINDEN SIE ETWAS, DAS ALLEN GEMEINSAM IST: EIN VERLANGEN NACH SINN, EIN STREBEN NACH ZIEL UND ZWECK. SO GEWISS, WIE EIN KIND ATMET, WIRD ES SICH EINES TAGES FRAGEN: »WAS IST DER SINN MEINES LEBENS?«

Manche suchen den Sinn des Lebens in einer Karriere. »Mein höchstes Ziel ist es, Zahnarzt zu werden.« Ein anerkennenswerter Beruf, aber wohl kaum eine Daseinsberechtigung. Für diese Menschen ist »tun« wichtiger als »sein«. Sie sind, was sie tun; folglich tun sie eine Menge. Sie arbeiten viele Stunden, denn wenn sie nicht arbeiten, wissen sie nicht, wer sie sind.

Für andere gilt: Ich bin, was ich habe. Sie finden den Sinn in einem neuen Auto, einem neuen Haus oder neuen Kleidern. Diese Menschen sind der Wirtschaft sehr nützlich, unermüdliche Konsumenten, ständig auf der Suche nach Dingen, deren Besitz Sinn verspricht.

Manche versuchen es mit Sport, Unterhaltung, Kultgemeinschaften, Sex und so weiter.

Nichts als Luftspiegelungen in der Wüste des Sinns …

Sollten wir nicht der Wahrheit ins Auge sehen? Wenn wir Gott nicht anerkennen, sind wir Treibgut im All.

Weil Gott dich trägt

Gott will uns nicht verwirren.
Wenn jemand mit einem fragenden
Herzen aufrichtig sucht,
wird Gott alles tun, damit er
seinen Willen erkennt.

Gottes Willen erkennen

Wir lernen, Gottes Willen zu erkennen, wenn wir Zeit in seiner Gegenwart verbringen. Der Schlüssel zur Erkenntnis Gottes ist eine Beziehung zu ihm. Eine *persönliche* Beziehung. Mit Ihnen spricht Gott anders als mit anderen Menschen. Dass Gott zu Mose aus einem brennenden Busch sprach, bedeutet nicht, dass wir uns alle neben einen Busch setzen und darauf warten sollen, dass er spricht. Gott hat einen Fisch benutzt, um Jona zu überzeugen. Sollen wir deshalb unsere Gottesdienste am Strand feiern? Nein. Gott offenbart sich jedem Menschen anders.

Deshalb ist es wichtig, wie Sie Ihr Leben mit Gott gestalten. Sein Herz kann man nicht bei einem gelegentlichen Plausch oder einem wöchentlichen Besuch kennen lernen. Wir erkennen seinen Willen, wenn wir uns täglich in seinem Haus bewegen …

Gehen Sie Ihren Weg an der Seite Gottes, dann werden Sie sein Herz kennen lernen.

Das Haus Gottes

Ich entscheide mich für Liebe

Es ist still. Mein Kaffee ist heiß. Der Himmel ist noch schwarz. Die Welt schläft noch. Der Tag beginnt.

Mit der aufgehenden Sonne rauscht der Tag heran. Die Stille der Dämmerung macht dem Lärm Platz. Die ruhige Einsamkeit weicht der Betriebsamkeit des Alltags. Entscheidungen und Termine dringen in den Frieden der frühen Morgenstunde ein.

Zwölf Stunden lang werde ich den Anforderungen des Tages ausgesetzt sein. Jetzt muss ich Entscheidungen treffen. Seit Golgatha habe ich Entscheidungsfreiheit. Und so entscheide ich mich.

Ich entscheide mich für Liebe.

Hass wird durch nichts gerechtfertigt; keine Ungerechtigkeit ist Grund zu Bitterkeit. Ich entscheide mich für Liebe. Heute will ich Gott lieben und auch das lieben, was Gott liebt.

Ich entscheide mich für Freude.

Ich lade meinen Gott ein, der Gott der verschiedenen Umstände meines Lebens zu sein. Ich werde der Versuchung, zynisch zu werden, widerstehen, diesem Werkzeug des Denkfaulen. Ich werde mich weigern, einen Menschen als etwas Minderwertigeres zu betrachten als jemanden, der von Gott geschaffen wurde. Ich werde mich weigern, ein Problem als etwas anderes zu sehen als eine Gelegenheit, Gott kennen zu lernen.

Ich entscheide mich für Frieden.

Ich werde als einer leben, dem vergeben wurde. Ich werde vergeben, damit ich leben kann.

Ich entscheide mich für Geduld.

Ich werde über die Unannehmlichkeiten der Welt hinwegsehen. Anstatt den zu verfluchen, der sich auf meinen Platz setzt, lade ich ihn ein, es zu tun. Anstatt zu klagen, dass ich zu lange warten muss, danke ich Gott für die Zeit zum Gebet. Anstatt neue

Aufgaben mit geballten Fäusten anzugehen, will ich sie mit Freude und Mut in Angriff nehmen.

Ich entscheide mich für Freundlichkeit.

Ich werde freundlich zu den Armen sein, denn sie haben niemanden. Freundlich zu den Reichen, denn sie haben Angst. Und freundlich zu den Unfreundlichen, denn so ist Gott zu mir.

Ich entscheide mich für Rechtschaffenheit.

Lieber will ich überhaupt kein Geld haben als unehrlich erworbenes. Lieber will ich übersehen werden, als dass ich prahle. Ich will meine Sünden bekennen, anstatt andere anzuklagen. Ich entscheide mich für Rechtschaffenheit.

Ich entscheide mich für Treue.

Heute will ich meine Versprechen halten. Meine Schuldner werden ihr Vertrauen nicht bereuen. Meine Kollegen werden mein Wort nicht infrage stellen. Meine Frau wird an meiner Liebe nicht zweifeln. Und meine Kinder werden nie Angst haben, dass ihr Vater nicht nach Hause kommt.

Ich entscheide mich für Güte.

Mit Gewalt wird nichts gewonnen. Ich entscheide mich, gütig zu sein. Wenn ich meine Stimme erhebe, dann nur zum Lobpreis. Wenn ich meine Faust balle, dann tue ich es nur im Gebet. Wenn ich Forderungen stelle, dann nur an mich.

Ich entscheide mich für Selbstbeherrschung.

Ich bin ein geistliches Wesen. Wenn dieser Körper tot ist, steigt mein Geist auf zu Gott. Ich weigere mich zuzulassen, dass das, was vergänglich ist, über die Ewigkeit herrscht. Ich will nur von Freude trunken sein. Ich will nur von meinem Glauben leidenschaftlich bewegt werden. Ich will nur von Gott beeinflusst werden. Ich will nur von Christus lernen. Ich entscheide mich für Selbstbeherrschung.

Liebe, Freude, Friede, Geduld, Freundlichkeit, Rechtschaffenheit, Treue, Güte und Selbstbeherrschung. Ihnen vertraue ich meinen Tag an. Wenn es mir gelingt, werde ich danken. Wenn es mir nicht gelingt, werde ich um Gnade bitten. Und wenn dieser Tag dann vorüber ist, lege ich den Kopf aufs Kissen und ruhe mich aus.

STOPP
Das Feuer deines
Herzens ist das Licht
auf deinem Weg.

Das Feuer des Herzens

Wollen Sie Gottes Willen für Ihr Leben erkennen? Dann beantworten Sie diese Frage: Wofür brennt Ihr Herz? Für vergessene Waisenkinder? Unerreichte Völker? Für die Armenviertel von Großstädten oder einsame ländliche Gebiete?

Achten Sie auf das Feuer in Ihnen!

Singen Sie leidenschaftlich gerne? Dann singen Sie!

Fühlen Sie sich zum Leiter berufen? Dann leiten Sie!

Leiden Sie mit den Kranken? Dann behandeln Sie sie!

Empfinden Sie mit den Verlorenen? Dann lehren Sie sie!

Als junger Mann verspürte ich den Ruf zu predigen. Da ich unsicher war, ob ich Gottes Wille für mich richtig erkannt hatte, suchte ich bei einem Pastor, den ich bewunderte, Rat. Sein Rat ist mir heute noch wichtig: »Predige nicht, wenn du nicht musst.«

Als ich über diese Worte nachdachte, fand ich meine Antwort: »Ich muss. Wenn ich es nicht tue, verzehrt mich das Feuer.«

Welches Feuer verzehrt Sie?

Das Haus Gottes

Seien Sie erfolgreich in dem, was zählt!

Nichts anderes als das Beste

Das Streben nach Macht greift immer mehr um sich. Die meisten von uns machen entweder bewusst mit oder werden mitgezogen.

Vielleicht kann ich den Unterschied zwischen dem Wunsch nach Macht und dem Wunsch, sein Bestes zu geben, erklären. Der Wunsch, sein Bestes zu geben, ist ein Geschenk Gottes, das in der Gesellschaft dringend gebraucht wird. Es ist gekennzeichnet von Achtung vor Qualität und einer Sehnsucht, Gottes Gaben so einzusetzen, wie es ihm gefällt.

Es gibt Dinge, die nur Sie und sonst niemand tun kann. Vielleicht geht es darum, Kinder zu erziehen, Häuser zu bauen oder Entmutigte zu ermutigen. Es gibt Dinge, die nur Sie tun können, und Sie leben, um diese Dinge zu tun. In dem großen Orchester, das wir Leben nennen, haben Sie ein Instrument und eine Melodie, und Sie schulden es Gott, beides großartig zu spielen.

Doch es ist ein Riesenunterschied, ob Sie Ihr Bestes geben, um Gott zu verherrlichen, oder ob Sie alles tun, um sich selbst zu verherrlichen. Das Streben nach dem Bestmöglichen ist ein Zeichen von Reife. Das Streben nach Macht ist kindisch.

The Applause of Heaven

Niemand ist für Gott nutzlos.
Nicht einer.

Sie sind einzigartig

In meinem Schrank hängt eine Jacke, die ich selten trage. Sie ist zu klein. Die Ärmel sind zu kurz, die Schultern zu schmal. Einige Knöpfe fehlen, und der Stoff ist verschlissen. Der Verstand sagt, ich soll die Jacke fortschaffen, wegwerfen.

Das sagt der *Verstand*.

Doch die *Liebe* lässt das nicht zu.

Ich behalte diese Jacke, weil sie etwas Einzigartiges hat. Was ist so besonders an ihr?

Sie ist die Schöpfung einer Mutter, die damit ihrer Liebe Ausdruck verliehen hat.

Diese Jacke ist einzigartig. Es gibt sie nur einmal. Sie kann nicht ersetzt werden. Jede Faser wurde sorgfältig ausgewählt, jeder Faden mit Liebe gewoben.

Obwohl die Jacke jeden Nutzen verloren hat, hat sie nichts von ihrem Wert eingebüßt. Sie ist wertvoll, nicht wegen ihrer Funktion, sondern wegen der Person, die sie hergestellt hat.

Daran muss der Psalmist gedacht haben, als er schrieb: »Du hast mich im Schoß meiner Mutter gewoben« (Psalm 139,13 – Übersetzung von H. Buns).

Denken Sie über diesen Satz nach. Sie wurden gewoben. Sie sind kein Zufall, kein Massenprodukt, keine Ware vom Fließband.

Sie wurden bewusst geplant, mit besonderen Gaben ausgestattet und vom Schöpfer liebevoll auf diese Erde gestellt.

In einer Gesellschaft, die wenig Platz für zweite Geigen hat, ist das eine gute Nachricht. In einem System, in dem der Wert eines Menschen nach den Zahlen auf seiner Lohnabrechnung oder der Form seiner Beine bestimmt wird, kann ich Ihnen sagen: Gottes Gedanken sind Grund zur Freude!

The Applause of Heaven

*Denn wir sind Gottes Schöpfung.
Er hat uns in Christus Jesus neu geschaffen,
damit wir zu guten Taten fähig sind,
wie er es für unser Leben schon immer
vorgesehen hat (Epheser 2,10).*

Gottes Unterschrift macht Sie zu etwas Besonderem

Mit Gott an Ihrer Seite wissen Sie, dass Sie Ihr Leben keinem Zufall oder »Betriebsunfall« verdanken. Sie sind ein Geschenk für die Welt, ein göttliches Kunstwerk, von Gott signiert.

Eines der schönsten Geschenke, die ich jemals bekommen habe, ist ein Fußball, auf dem dreißig ehemalige Stürmer unterschrieben haben. An diesem Ball ist nichts Einzigartiges. Soweit ich weiß, wurde er bei einem Discounter gekauft. Einzigartig wurde er erst durch die Unterschriften.

Das gilt auch für uns Menschen. Im Plan der Natur ist der *Homo sapiens* nicht einzigartig. Wir sind nicht die einzigen Lebewesen mit Fleisch und Haaren und Blut und einem Herzen. Was uns zu etwas Besonderem macht, ist nicht unser Körper, sondern die Unterschrift Gottes auf unserem Leben. Wir sind seine Kunstwerke. Wir sind nach seinem Bild geschaffen, um gute Werke zu tun. Was uns bedeutend macht, ist nicht das, was wir tun, sondern zu wem wir gehören.

Weil Gott dich trägt

STOPP

*Dass ihr das System versteht,
widerlegt noch lange nicht die Existenz
einer Person außerhalb des Systems.*

Alles klar

Wir verstehen, wie Stürme entstehen. Wir stellen Sonnensysteme kartographisch dar und transplantieren Herzen. Wir messen die Tiefen der Ozeane und senden Signale zu fernen Planeten. Wir haben das System erforscht und verstehen immer besser, wie es funktioniert.

Für einige ging mit dem Schleier des Geheimnisses auch die Herrlichkeit Gottes verloren. Je mehr wir wissen, umso weniger glauben wir. Seltsam, oder? Das Wissen, wie etwas funktioniert, lässt ja das Wunder nicht kleiner werden. Das Wissen sollte auf das Wunder hinweisen. Wer hat mehr Grund anzubeten als der Astronom, der die Sterne sieht? Als der Chirurg, der ein Herz in der Hand hält? Als der Ozeanograph, der die Tiefen des Meeres erforscht? Je mehr wir wissen, umso mehr müssten wir staunen.

Es ist widersinnig, aber je mehr wir wissen, umso weniger beten wir an. Wir sind von der Erfindung des Lichtschalters mehr beeindruckt als von dem, der die Elektrizität geschaffen hat. Anstatt den Schöpfer anzubeten, beten wir die Schöpfung an (siehe Römer 1,25).

Kein Wunder, dass es keine Wunder mehr gibt. Wir bilden uns ein, alles klar zu durchblicken.

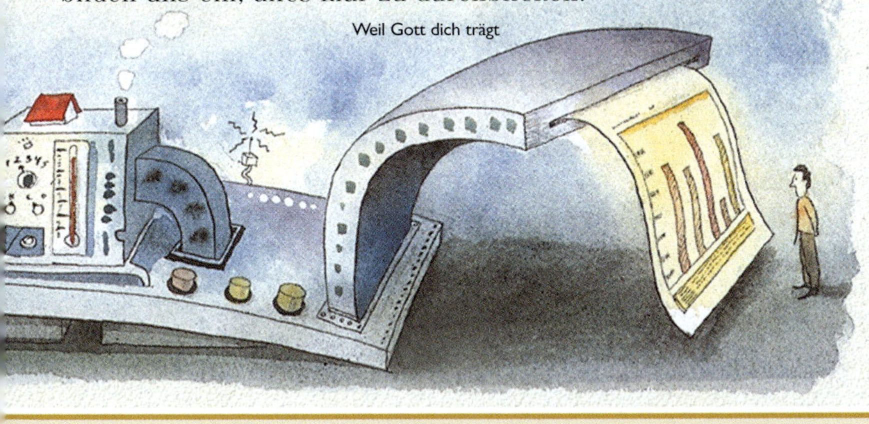

Es führt kein Weg
an der Einsicht vorbei:
Selbsterlösung funktioniert nicht.

Gottes höchster Traum

Bitte halten Sie eins fest: Unsere Rettung ist von Gott geschenkt, wird von Gott bewirkt, von Gott ermöglicht und hat ihren Ursprung in Gott. Nicht der Mensch macht Gott ein Geschenk. Das Geschenk kommt von Gott zum Menschen. »Und das ist die wahre Liebe: Nicht wir haben Gott geliebt, sondern er hat uns zuerst geliebt und hat seinen Sohn gesandt, damit er uns von unserer Schuld befreit« (1. Johannes 4,10).

Wir haben versucht, den Mond zu erreichen, sind aber kaum vom Boden abgehoben. Wir haben versucht, schwimmend den Atlantik zu überqueren, sind aber nicht über das Riff hinausgekommen. Wir wollten den Mount Everest der Erlösung erklimmen, haben aber noch nicht mal das Basislager verlassen, geschweige denn den ersten leichten Anstieg genommen. Die Aufgabe ist einfach zu groß. Wir brauchen nicht mehr Proviant – wir brauchen einen Hubschrauber!

Hören Sie ihn schon?

»Doch nun hat Gott uns unabhängig vom Gesetz einen anderen Weg gezeigt, wie wir in seinen Augen *gerecht werden können*« (Römer 3,21). Diese Wahrheit müssen wir unbedingt annehmen. Gottes höchster Traum ist es nicht, uns reich oder erfolgreich, beliebt oder berühmt zu machen. Gottes Wunsch ist es, uns vor ihm gerecht zu machen.

Weil Gott dich trägt

Gottlosigkeit

Das Wort erklärt sich selbst. Ein Leben ohne Gott.

Schlimmer als die Verachtung Gottes ist die Nichtbeachtung Gottes.

Die Verachtung erkennt zumindest seine Gegenwart an. Die Gottlosigkeit tut das nicht.

Die Verachtung führt dazu, dass Menschen respektlos handeln, Nichtbeachtung bewirkt, dass sie so handeln, als wäre Gott belanglos, als würde er im Leben keine Rolle spielen.

Weil Gott dich trägt

Gefahren und Umwege

Verringern Sie die Geschwindigkeit, vermeiden Sie ein Unglück

Das richtige Herz
mit dem falschen Glauben
ist besser als der richtige Glaube
mit dem falschen Herzen.

Gottloses Leben

Da der Hedonist nie den Baumeister gesehen hat, der das Weltall schuf, nimmt er an, dass es kein Leben jenseits des Hier und Jetzt gibt. Er glaubt, dass es außerhalb dieses Raumes keine Wahrheit gibt, keinen Zweck jenseits seines eigenen Genusses, nichts Göttliches. Er verschwendet keinen Gedanken an das Ewige.

Was geschieht, wenn eine Gesellschaft sich mit Grashütten begnügt, statt das väterliche Schloss zu bewohnen? Hat die gottlose Jagd nach Genuss irgendwelche Folgen? Kostet das Leben für das Hier und Jetzt seinen Preis?

Der Hedonist sagt: »Wen kümmert es? Ich bin vielleicht schlecht – na und? Was ich tue, ist meine Sache.« Die Befriedigung seiner Leidenschaften ist ihm wichtiger, als seinen Vater zu kennen. Er ist so sehr auf Genuss aus, dass er keine Zeit und keinen Raum für Gott hat.

Hat er Recht? Müssen wir denn Tag und Nacht den Blick auf Gott heften und seinen Ansprüchen genügen?

»Er hat ganz und gar nicht Recht!«, sagt Paulus.

Nach Römer 1 verlieren wir mehr als bunte Kirchenfenster, wenn wir Gott als erledigt betrachten. Wir verlieren unsere Maßstäbe, den Sinn unseres Lebens und den Gegenstand unserer Anbetung. »Stattdessen fingen sie an, sich unsinnige Vorstellungen von Gott zu machen, und ihr Verstand verfinsterte sich und wurde verwirrt. Sie behaupteten, weise zu sein, und wurden dabei zu Narren« (Römer 1,21-22).

Weil Gott dich trägt

STOPP
Du wirst nie jemandem mehr vergeben,
als Gott dir schon vergeben hat.

Rache ist ein loderndes Feuer

Groll ist das Kokain der Gefühle. Er bringt das Blut in Wallung und steigert den Energiepegel.

Doch wie Kokain verlangt er nach immer größeren und häufigeren Dosen. Es gibt einen kritischen Punkt, ab dem die Wut nicht mehr nur ein Gefühl ist, sondern zu einer treibenden Kraft wird. Ein Mensch, der auf Rache sinnt, wird, ohne es zu merken, zur Vergebung schließlich unfähig, denn ohne Wut ist er auch ohne Energiequelle.

Das ist der Grund dafür, dass verbitterte Menschen bei jedem jammern, der bereit ist, ihnen zuzuhören. Sie wollen – ja, sie brauchen es –, dass ihr Feuer angefacht wird.

Groll ist auch in anderer Hinsicht wie Kokain. Kokain kann den Süchtigen umbringen. Und auch Wut kann den Wütenden umbringen.

Groll kann auch geistlich tödlich sein. Er lässt die Seele eingehen.

Hass ist der tollwütige Hund, der seinen Besitzer angreift. Rache ist das lodernde Feuer, das den Brandstifter verzehrt. Bitterkeit ist die Falle, die den Jäger fängt.

Barmherzigkeit ist der Weg, der in die Freiheit führt.

The Applause of Heaven

Gott vergisst die Vergangenheit.
Machen Sie es ihm nach.

Haben Sie eine Verletzung am Herzen?

VIELLEICHT IST DIE WUNDE SCHON ALT. IHR VATER HAT SIE UNGERECHT BEHANDELT ODER EIN LEHRER HAT SIE BENACHTEILIGT.

Vielleicht ist die Wunde auch noch frisch. Der Freund, der Ihnen Geld schuldet, ist eben in einem neuen Auto vorbeigefahren. Der Chef, der Ihnen bei der Einstellung Beförderungen versprochen hat, weiß nicht mehr, wie man Ihren Namen ausspricht. Ihre Freunde sind übers Wochenende weggefahren, und niemand hat Sie eingeladen …

Sie sind verletzt.

Etwas in Ihnen ist zerbrochen, Bitterkeit steigt auf. Ein Teil von Ihnen will weinen, und ein Teil von Ihnen will kämpfen. Die Tränen, die Sie weinen, sind heiß, denn Sie kommen aus dem Herzen. Das Feuer der Wut ist lodernd und verzehrend. Seine Flammen züngeln unter dem brodelnden Topf der Rachegedanken.

Und Sie stehen vor einer Entscheidung: »Soll ich das Feuer löschen oder weiter schüren? Komme ich darüber hinweg oder zahle ich es heim? Soll ich vergeben oder nachtragen? Soll ich dafür sorgen, dass mein Schmerz heilt, oder soll ich zulassen, dass er sich in Hass verwandelt?«

Nachtragend zu sein ist die bewusste Entscheidung, das Unrechtsgefühl zu nähren, bis es sich zu einem fürchterlichen, schwarzen Groll ausgewachsen hat.

Untreue ist falsch. Rache ist schlecht. Aber das Schlimmste von allem ist, dass ohne Vergebung nichts als Bitterkeit zurückbleibt.

The Applause of Heaven

*Der Konflikt ist unvermeidlich,
aber der Kampf ist freiwillig.*

Ohne Streit und böse Worte

VOR EINIGER ZEIT KAUFTE MEINE FRAU EINEN AFFEN. ICH WOLLTE KEINEN AFFEN IM HAUS, ALSO ERHOB ICH EINSPRUCH.

»Wo soll er essen?«, fragte ich.

»Mit uns am Tisch.«

»Wo soll er schlafen?«

»Mit uns im Bett.«

»Und was ist mit dem Geruch?«

»Ich habe mich an deinen gewöhnt; ich denke, der Affe wird sich auch daran gewöhnen.«

Einigkeit beginnt nicht mit der Prüfung des anderen, sondern mit einer Selbstprüfung. Einigkeit beginnt nicht damit, zu fordern, dass der andere sich ändern soll, sondern damit, zuzugeben, dass wir selbst auch nicht perfekt sind.

Die Antwort auf Streitereien? Annahme. Der erste Schritt zur Einigkeit? Annahme. Keine Einigung, sondern Annahme. Keine Einstimmigkeit, sondern Annahme. Keine Verhandlung, Schlichtung oder ausführliche Erörterung des Problems. Das alles kann später geschehen – nach dem ersten Schritt, der Annahme heißt.

Weil Gott dich trägt

STOPP

Je mehr wir uns in die Gnade versenken,
umso wahrscheinlicher wird es,
dass wir anderen Gnade schenken.

Hass bricht Ihnen das Kreuz

O ja, der nach und nach stärker zupackende Griff des Hasses …! Es beginnt wie ein Sprung in der Windschutzscheibe. Mein Fenster wurde von einem kleinen Kieselstein getroffen, der von einem schnell vorbeifahrenden Lastwagen hochgeschleudert wurde. Im Laufe der Zeit wurde aus dem kleinen Loch ein Sprung, und der Sprung sah bald aus wie ein sich dahinschlängelnder Fluss mit Nebenflüssen. Bald ähnelte ein Teil der Windschutzscheibe einem Spinnennetz. Ich konnte nicht mehr in mein Auto steigen, ohne an den gemeinen Kerl zu denken, der so schnell gefahren war. Obwohl ich ihn nie gesehen hatte, konnte ich ihn beschreiben. Er ist ein Nichtsnutz, der seine Frau betrügt, mit einem Kasten Bier auf dem Beifahrersitz fährt und den Fernseher so laut stellt, dass die Nachbarn nicht schlafen können. Wegen seiner Unvorsichtigkeit kann ich nicht mehr richtig sehen – sogar wenn ich nicht hinter der Windschutzscheibe sitze. Sie kennen ja den Ausdruck »blinde Wut« …

Ich muss es ganz deutlich sagen: Hass trübt Ihren Blick und bricht Ihnen das Kreuz. Die Last der Bitterkeit ist einfach zu schwer. Ihre Knie sacken unter dem Druck zusammen, Ihr Herz zerbricht unter dem Gewicht. Der Berg, der vor Ihnen liegt, ist steil genug, auch ohne die Bürde des Hasses auf Ihren Schultern. Die klügste Alternative – die *einzige* Alternative – die Sie haben, ist, die Wut fallen zu lassen. Niemals wird von Ihnen verlangt werden, einem Menschen gegenüber gnädiger zu sein, als Gott Ihnen gegenüber bereits gnädig gewesen ist.

Weil Gott dich trägt

Alte Rechnungen zu begleichen
ist kostspielig.

Der hohe Preis des Abrechnens

Ist Ihnen schon einmal aufgefallen, dass der Kopfgeldjäger in Wildwestfilmen immer alleine unterwegs ist? Der Grund ist einfach. Wer möchte schon mit jemandem zusammen sein, der seinen Lebensunterhalt mit dem Begleichen alter Rechnungen verdient? Wer möchte schon riskieren, sich mit ihm anzulegen? Schon öfter war ich dabei, als jemand seine Wut so richtig herausließ. Er meinte, ich würde ihm zuhören, während ich in Wirklichkeit dachte: *Hoffentlich stehe ich nie auf seiner Liste.* Diese Kopfgeldjäger sind schon fürchterliche Typen. Am besten hat man möglichst wenig mit ihnen zu tun. Wenn man mit Menschen, die schnell in Rage geraten, Umgang pflegt, besteht immer die Gefahr, dass man von einer verirrten Kugel getroffen wird. Schulden begleichen ist ein einsames Geschäft. Und es ist auch ein ungesundes Geschäft …

Wenn Sie darauf aus sind, alte Rechnungen zu begleichen, dann kommen Sie nie zur Ruhe. Wie können Sie auch? Ihr Feind bezahlt vermutlich seine Schuld nie ganz. Das heißt, Sie denken, dass Sie ein Recht auf eine Entschuldigung haben, aber Ihr Schuldner ist anderer Meinung. Der Rassist empfindet vielleicht nie Reue. Der Chauvinist ändert sich womöglich nicht. So berechtigt Ihr Wunsch nach Rache sein mag, er wird möglicherweise nie erfüllt. Und wenn Sie doch Recht bekommen – wird es Ihnen genügen?

Das Haus Gottes

*Ein stotternder Hirte in dieser Generation
ist in der nächsten
vielleicht ein mächtiger Mose.*

Steigen Sie vom Richterstuhl herunter

Wir verurteilen einen Mann dafür, dass er heute strauchelt, aber wir sehen die Schläge nicht, die er gestern einsteckte. Wir richten eine Frau, weil sie hinkt, können aber den Nagel in ihrem Schuh nicht erkennen. Wir machen uns über die Angst in ihren Augen lustig, haben aber keine Ahnung, vor wie vielen Steinen sie sich geduckt hat oder wie vielen Pfeilen sie ausgewichen ist.

Sind manche Leute zu laut? Vielleicht haben sie das Gefühl, sie werden schon wieder übersehen. Sind sie zu schüchtern? Vielleicht haben sie Angst, wieder zu versagen. Zu langsam? Vielleicht sind sie das letzte Mal, als sie sich beeilten, gefallen. Wir wissen es nicht. Nur einer, der gestern ihren Schritten gefolgt ist, kann ihr Richter sein.

Wir wissen nicht nur nichts über die Vergangenheit, wir kennen auch die Zukunft nicht. Wagen wir es, ein Buch zu beurteilen, dessen letztes Kapitel noch nicht geschrieben ist? Können wir ein Urteil über ein Gemälde abgeben, solange der Maler noch den Pinsel in der Hand hält? Wie können wir eine Seele abschreiben, bevor Gottes Werk beendet ist? »Ich bin ganz sicher, dass Gott, der sein gutes Werk in euch angefangen hat, damit weitermachen und es vollenden wird bis zu dem Tag, an dem Christus Jesus wiederkommt« (Philipper 1,6).

Weil Gott dich trägt

Gottes Freude empfängt man als
Geschenk nach der Kapitulation,
nicht als Belohnung nach einem Sieg.

Berge, die Sie nicht erklimmen sollten

ES GIBT BERGE, DIE NUR GOTT BEZWINGEN KANN.

Sie können es gerne versuchen. Das Problem ist nur, dass Sie es nicht schaffen können …

Wenn das Wort *Retter* in Ihrer Arbeitsplatzbeschreibung steht, dann haben Sie selbst es dort eingefügt. Ihre Rolle ist es, der Welt zu helfen, nicht, sie zu retten. Der »Messias-Gipfel« ist ein Berg, auf den Sie nicht steigen sollten.

Ebenso ist es mit dem »Schaff-ich-alles-selbst-Gipfel«. Nicht Sie regieren die Welt und sorgen dafür, dass alles läuft. Manche Menschen meinen, sie können es. Sie glauben, sie schaffen es aus eigener Kraft. Sie beugen ihre Knie nicht, sondern krempeln die Ärmel hoch und beginnen einen weiteren Zwölf-Stunden-Tag … Das reicht vielleicht, wenn es darum geht, seinen Lebensunterhalt zu verdienen oder ein Geschäft aufzubauen. Aber wenn Sie vor Ihrem eigenen Grab oder Ihrer eigenen Schuld stehen, richtet Ihre Kraft nichts aus.

Sie sind nicht dazu geschaffen, ein Königreich zu regieren, und niemand erwartet von Ihnen, dass Sie allmächtig sind. Und sicherlich können Sie auch nicht mit all dem Ruhm umgehen. Der »Applaus-Gipfel« ist der verlockendste der drei Gipfel. Je höher Sie steigen, umso mehr wird Beifall geklatscht, aber umso dünner wird die Luft. Wie viele standen schon ganz oben und riefen: »Ich hab's geschafft!« Dann verloren sie das Gleichgewicht und stürzten ab.

Das Haus Gottes

Denn der Lohn der Sünde ist der Tod …
(Römer 6,23).

Der Seelentöter

DIE SÜNDE IST EINE TÖDLICHE KRANKHEIT.

Die Sünde hat uns zu einem langsamen, schmerzhaften Tod verurteilt.

Sünde ist für das Leben wie eine Schere für Blumen. Ein Schnitt in den Stängel trennt die Blume von der Quelle des Lebens. Zunächst ist die Blume noch reizvoll, sie ist noch farbenfroh und kraftstrotzend. Aber beobachten Sie diese Blume eine Zeit lang. Die Blätter welken und die Blütenblätter fallen ab. Egal, was Sie tun, die Blume wird nie mehr leben. Stellen Sie sie ins Wasser. Stecken Sie den Stängel in die Erde. Versorgen Sie sie mit Dünger. Kleben Sie die Blüte wieder an den Stängel. Sie können tun, was Sie wollen – die Blume ist tot.

Eine tote Seele hat kein Leben.

Von Gott abgeschnitten, verwelkt die Seele und stirbt. Die Folge der Sünde ist nicht ein schlechter Tag oder schlechte Laune, sondern eine tote Seele. Die Zeichen einer toten Seele sind vergiftete Lippen und ein fluchender Mund, Füße, die auf Gewalt zusteuern, und Augen, die Gott nicht sehen.

Jetzt wissen Sie, warum Leute so gemein sein können. Ihre Seelen sind tot. Jetzt sehen Sie, warum manche Religionen die Gläubigen unterdrücken. Sie haben kein Leben. Jetzt verstehen Sie, warum der Drogendealer nachts schlafen und der Diktator ruhigen Gewissens leben kann. Weil er gar kein Gewissen hat.

Das Werk der Sünde ist das Töten der Seele.

Weil Gott dich trägt

*Gott ist wütend auf das Böse,
das das Leben seiner Kinder
kaputtmacht.*

Gottes Zorn

GOTT WIRD ZORNIG,
WENN ER DAS BÖSE SIEHT.

Für viele ist das neu. Manche Leute nehmen an, Gott sei wie ein geplagter Schulleiter, der so sehr mit der Überwachung des Ganzen beschäftigt ist, dass er keine Zeit hat, auf uns zu achten.

Stimmt nicht.

Andere glauben, er sei wie ein weichherziger Vater, der die Augen vor den bösen Taten seiner Kinder verschließt.

Unsinn.

Wieder andere bestehen darauf, dass er uns so sehr liebt, dass er wegen unserer bösen Taten nicht zornig sein kann.

Sie verstehen nicht, dass die Liebe angesichts des Bösen *immer* zornig wird.

Viele verstehen Gottes Zorn nicht, weil sie ihn mit menschlichem Zorn verwechseln. Dabei haben sie wenig gemeinsam. Der menschliche Zorn ist unverkennbar ichbezogen und anfällig für Wutausbrüche und Gewalttaten. Wir werden zornig, weil wir übersehen, übergangen oder betrogen worden sind. So ist der Zorn des Menschen, aber nicht der Zorn Gottes.

Gott wird nicht zornig, weil es nicht nach seinem Kopf geht. Er wird zornig, weil Ungehorsam immer zu Selbstzerstörung führt. Welcher Vater schaut schon unbekümmert zu, wie sein Kind sich verletzt?

Weil Gott dich trägt

STOPP
Gott sucht nach Möglichkeiten,
uns nach Hause zu bringen,
nicht, uns auszusperren.

Gnade ist nicht logisch

Gottes Urteil war nie ein Problem für mich. Es schien mir eigentlich immer gerecht. Schwefel auf Sodom, Feuer auf Gomorra. *Das haben sie davon* … Ägypter, die vom Roten Meer verschlungen wurden. *Selber schuld* …

Strafe muss sein. Das finde ich logisch, gerecht und angebracht.

Aber Gottes Gnade? Da hab ich meine Probleme.

Sie möchten Beispiele? Da weiß ich jede Menge:

David, der Psalmist, wird David, der Voyeur. Doch durch Gottes Gnade wird er wieder zu David, dem Psalmisten.

Der Verbrecher am Kreuz: auf dem Weg zur Hölle, todgeweiht – und eine Minute später lächelnd auf dem Weg zum Himmel.

Geschichte um Geschichte. Gebet um Gebet. Eine Überraschung nach der anderen …

Versuchen Sie doch, eine einzige Seele zu finden, die zu Gott kam, Gnade suchte und sie nicht fand. Finden Sie einen einzigen Menschen, der um eine zweite Chance bat und nichts als eine Strafpredigt bekam.

Suchen Sie!

Ihre Suche wird vergebens bleiben.

Wenn Gott dich sanft beim Namen ruft

Lob Gottes

Du bist ein großer Gott.
Du bist heilig.
Deine Wahrheit ist absolut.
Deine Kraft ist unendlich.
Deine Strafe ist gerecht.

Du bist ein großer Gott.
Der Berg deines Wissens hat keinen Gipfel.
Der Ozean deiner Liebe hat kein Ufer.
Das Tuch deiner Treue hat keinen Riss.
Der Fels deines Wortes hat keinen Sprung.

Du bist ein großer Gott.
Deine Geduld erstaunt uns.
Deine Schönheit überwältigt uns.
Deine Liebe geht uns nahe.

Du bist ein großer Gott.
Du sorgst überreich für alles, was wir brauchen.
Dein Licht erhellt unseren Weg.
Deine Gnade deckt all unsere Sünden.

Du bist ein großer Gott.
Wir gestehen, wenn auch manchmal fast wider Willen,
dass dein Plan vollkommen ist.
Du kommst nie zu früh und nie zu spät.
Du sandtest deinen Sohn, als die Zeit erfüllt war,
und am Ende der Zeit wirst du wiederkommen.
Dein Plan ist vollkommen.
Erstaunlich. Unbegreiflich. Geheimnisvoll.
Aber vollkommen.

Aus »He Reminded Us of You«
(A Prayer for a Friend)

Es ist gut, zu zweit zu sein
Ein Freund für die Reise

Wir behandeln andere so,
wie wir meinen,
dass Gott uns behandelt.

Gott steht auf Ihrer Seite

Als ich sieben Jahre alt war, riss ich von zu Hause aus. Ich hatte die Nase voll von den Regeln meines Vaters und beschloss, mein eigener Herr zu sein. Mit einigen Kleidungsstücken in einer Plastiktüte stürmte ich aus dem Hintereingang und marschierte die Straße hinunter. Wie der verlorene Sohn beschloss ich, dass ich keinen Vater mehr brauchte. Anders als der verlorene Sohn ging ich nicht weit fort. Am Ende der Straße fiel mir ein, dass ich Hunger hatte, und da kehrte ich eben nach Hause zurück …

Obwohl meine Aufsässigkeit kurz war, handelte es sich doch um echte Aufsässigkeit. Und hätten Sie mich auf meinem Weg zwischen den Zäunen aufgehalten und nach meinem Vater gefragt, so hätte ich Ihnen wahrscheinlich meine Meinung gesagt. Vielleicht hätte ich verkündet: »Ich brauche keinen Vater. Ich bin zu groß für die Regeln meiner Familie. Ich brauche nur mich und meine Plastiktüte.«

Ich hörte nicht den Hahn krähen wie Petrus. Ich fühlte nicht den Bauch des Fisches wie Jona. Ich bekam keinen Ring und keine neuen Schuhe wie der verlorene Sohn. Aber ich lernte meinen irdischen Vater so kennen, wie diese drei ihren Vater im Himmel kennen lernten. Unser Gott ist kein Schönwettervater. Er ist zuverlässig. Ich kann mich darauf verlassen, dass er auf meiner Seite steht, egal wie ich mich verhalte. Auch Sie können sich darauf verlassen.

Das Haus Gottes

Sie werden aufgeben, bevor Gott aufgibt.

Prägen Sie Gottes Namen tief in Ihr Herz ein

Wenn Sie nicht wissen, wie es in Zukunft mit Ihnen weitergeht, dann wenden Sie sich an Ihren *Jahwe-raah*, Ihren liebevollen Hirten. Wenn Sie sich um Ihren Lebensunterhalt Sorgen machen, dann sprechen Sie mit *Jahwe-jireh*, dem Herrn, der für Sie sorgt. Wachsen Ihnen Ihre Aufgaben über den Kopf? Bitten Sie um die Hilfe von *Jahwe-shalom*, der Herr ist Friede. Ist Ihr Körper krank oder Ihr Gemüt labil? *Jahwe-rophe*, der Herr, Ihr Arzt wird jetzt zu Ihnen kommen. Kommen Sie sich wie ein Soldat vor, den es hinter die feindlichen Linien verschlagen hat? Nehmen Sie Ihre Zuflucht zu *Jahwe-nissi*, dem Herrn, der Ihr Banner ist.

Wenn Sie über die Namen Gottes nachdenken, werden Sie an Gottes Wesen erinnert. Vergegenwärtigen Sie sich diese Namen und prägen Sie sie tief in Ihr Herz ein.

Gott ist
der Hirte, der Sie führt,
der Herr, der für Sie sorgt,
die Stimme, die Frieden im Sturm bringt,
der Arzt, der die Kranken heilt,
das Banner, das dem Soldaten den Weg zeigt.
Und vor allem … Er ist da.

Das Haus Gottes

STOPP
Wenn Gott mächtig genug ist, die
Sonne zu entzünden, ist er dann wohl mächtig
genug, auch Ihren Weg hell zu machen?

Gott ermutigt Sie

Gott ist auf Ihrer Seite. Nicht »vielleicht« oder »ist gewesen«, nicht »war einmal« oder »wäre«, sondern »Gott ist«! Er ist auf Ihrer Seite. Heute. In dieser Stunde. In dieser Minute. Während Sie diesen Satz lesen. Sie brauchen nicht Schlange zu stehen oder morgen wiederzukommen. Er ist bei Ihnen. Er könnte nicht näher als in dieser Sekunde sein. Seine Treue wächst nicht, wenn Sie besser werden, und wird nicht weniger, wenn Sie schlechter werden. Er ist auf Ihrer Seite.

Gott *ist* auf Ihrer Seite. Werfen Sie einen Blick auf die Zuschauertribüne; da ist Gott und feuert Sie an, während Sie laufen. Und an der Ziellinie klatscht er Ihnen Beifall. Hören Sie, wie von den Stehplätzen her Ihr Name ertönt? Es ist Gott, der Ihren Namen ruft! Sie sind zu müde, um weiterzulaufen? Er wird Sie tragen. Zu entmutigt, um zu kämpfen? Er richtet Sie auf. Gott *ist* auf Ihrer Seite.

Gott ist auf *Ihrer* Seite. Hätte er einen Kalender, wäre Ihr Geburtstag rot eingekreist. Wenn es einen Baum im Himmel gibt, dann hat er schon Ihren Namen in die Rinde geritzt. Wir wissen, dass er ein Tattoo trägt und wie es aussieht: »Siehe, in die Hände habe ich dich gezeichnet« (Jesaja 49,16 – Luther '99).

Weil Gott dich trägt

*Meine unsterbliche Seele
steht für immer
unter himmlischem Schutz.*

Was wir wirklich wissen wollen

Hier ist sie, die Frage. Genau das wollen wir wissen: Wir wollen wissen, was Gottes Liebe alles aushält. Nicht am Ostersonntag, wenn unsere Schuhe glänzen und die Frisur sitzt. Wir wollen im Grunde genommen doch alle wissen, was Gott von uns hält, wenn wir Ekelpakete sind. Wenn ich schwungvoll und zuversichtlich bin und bereit, gegen den Hunger in der Welt zu kämpfen, stelle ich mir diese Frage nicht. Ich weiß, was er zu solchen Zeiten über mich denkt. Sogar ich selbst mag mich dann.

Ich will wissen, was er von mir hält, wenn ich alles anschnauze, was sich bewegt, wenn meine Gedanken sich auf unterstem Niveau bewegen, wenn meine Zunge so scharf ist, dass sie einen Stein entzweischneiden könnte. Was hält er dann von mir?

Das wollen wir doch alle wissen.

Da Gott nicht an die Zeit gebunden ist, sieht er uns alle. Er sieht uns, vom kleinsten Hof im Bayerischen Wald bis zu den Geschäftsmetropolen Londons oder New Yorks. Uns Taugenichtse und zerlumpte Gestalten, er sah uns schon, bevor wir geboren wurden.

Und er liebt, was er sieht. Eine herzliche Zuneigung zu uns durchströmt ihn. Von Stolz überwältigt, wendet sich der Schöpfer der Sterne an jeden Einzelnen von uns und sagt: »Du bist mein Kind. Ich liebe dich. Ich weiß, dass du dich eines Tages von mir abwenden und weglaufen wirst. Aber ich möchte dir sagen, dass ich schon dafür gesorgt habe, dass es für dich einen Weg zurück gibt.«

Weil Gott dich trägt

STOPP
Als Jesus zurück zu seinem Vater ging,
ließ er die Haustüre offen stehen.

Ein Zuhause für Ihr Herz

Wahrscheinlich haben Sie bisher wenig über eine Wohnung für Ihre Seele nachgedacht. Wir bauen klug durchdachte Häuser für unseren Körper, doch unsere Seele wird in eine baufällige Hütte verbannt, durch die der kalte Nachtwind pfeift und in die es hereinregnet. Ist es da verwunderlich, dass es in der Welt so viele kalte Herzen gibt?

So muss es nicht sein. Wir müssen nicht draußen wohnen. Es ist nicht Gottes Plan, dass Ihr Herz als Nomade umherstreift. Gott will nicht, dass Sie in der Kälte bleiben, sondern dass Sie zu ihm hereinkommen und bei ihm wohnen. Unter seinem Dach ist Platz. An seinem Tisch ist für Sie gedeckt. In seinem Wohnzimmer gibt es einen Sessel, der nur für Sie dort steht. Er möchte, dass Sie in seinem Haus Ihr Zuhause finden. Warum möchte er, dass Sie bei Ihm wohnen?

Ganz einfach, weil er Ihr Vater ist.

Das Haus Gottes

*Gott hat dem Saturn Ringe geschenkt,
und die Venus lässt er funkeln.
Glauben Sie nicht, dass er auch Sie genug liebt,
um für das zu sorgen,
was Sie brauchen?*

Er hat es für Sie getan

Warum hat Gott das getan? Eine Baracke hätte genügt, aber er gab uns eine Villa. Musste er den Vögeln Gesang und den Bergen Gipfel geben? War es notwendig, das Zebra mit Streifen und das Kamel mit einem Höcker auszustatten? Hätten wir etwas vermisst, wenn er die Sonnenuntergänge grau statt orange gemalt hätte?

Warum verlieh er der Schöpfung solche Pracht? Warum gab er sich die Mühe, solche Geschenke zu machen?

Warum tun Sie es? Sie tun doch das Gleiche. Ich habe gesehen, wie Sie nach einem Geschenk suchten. Ich sah, wie Sie durch die Einkaufsstraßen gingen und die verschiedenen Abteilungen in den Geschäften absuchten. Ich spreche nicht von Pflichtgeschenken. Auch nicht vom Kauf eines Drogeriemarkt-Parfüms in allerletzter Minute, auf dem Weg zur Geburtstagsparty. Vergessen Sie Sonderangebote und Schnäppchen. Ich spreche über die ganz besondere Person und das ganz besondere Geschenk. Warum tun Sie es? Sie tun es, damit Augen strahlen, damit ein Herz kurz stillsteht. Sie tun es, um die fassungslosen Worte zu hören: »Und das schenkst du *mir*?«

Deshalb tun Sie es. Und deshalb hat Gott es getan. Wenn Sie das nächste Mal einen Sonnenuntergang atemberaubend finden oder wenn eine Blumenwiese Sie sprachlos macht, dann bleiben Sie still. Sagen Sie nichts, sondern lauschen Sie, wie der Himmel flüstert: »Gefällt es dir? Ich habe es *für dich* gemacht.«

Das Haus Gottes

STOPP
Menschlich gesehen ist es unmöglich.
Aber bei Gott ist alles möglich
(Matthäus 19,26).

Wie groß ist Gott?

Die Natur ist Gottes Werkstatt. Der Himmel ist sein Notizblock. Das Universum ist seine Visitenkarte. Wollen Sie wissen, wer Gott ist? Dann schauen Sie an, was er gemacht hat. Wollen Sie seine Macht kennen lernen? Dann werfen Sie einen Blick auf seine Schöpfung. Interessiert es Sie, wie stark er ist? Dann besuchen Sie ihn: Sternenhimmel-Allee, Hausnummer 1 000 000 000 …

Er ist nicht vom Nebel der Sünde beeinträchtigt.
Er ist nicht an die Grenzen der Geschichte gebunden.
Er wird nicht von der Müdigkeit des Körpers behindert.

Was Sie begrenzt, ist für ihn keine Grenze. Was Sie beunruhigt, beunruhigt ihn nicht. Was Sie erschöpft, erschöpft ihn nicht. Lässt sich der Adler vom Straßenverkehr stören? Nein, er erhebt sich über ihn. Versetzt der Wirbelsturm einen Wal in Schrecken? Natürlich nicht, er taucht unter ihm durch. Wird der Löwe nervös, weil eine Maus auf seinem Weg steht? Nein, er steigt über sie hinweg.

Wie viel mehr kann Gott sich über die Probleme der Welt erheben, unter ihnen hindurchgleiten und über sie hinwegsteigen!

Das Haus Gottes

Die Kosten Ihrer Sünde übersteigen
Ihre finanziellen Möglichkeiten.
Das Geschenk Ihres Gottes ist größer,
als Sie sich vorstellen können.

Gott ist Ihre Wohnung

Glauben Sie nicht, dass Sie von Gott getrennt sind, er ganz oben auf einer hohen Leiter und Sie ganz unten. Hören Sie nicht auf irgendwelche Gedanken, die Ihnen einflüstern, dass Gott auf einem fernen Stern wohnt, während Sie auf der Erde leben. Da Gott Geist ist (Johannes 4,24), ist er Ihnen nahe: Gott selbst ist unser Dach. Gott selbst ist unsere Mauer. Und Gott selbst ist unser Fundament.

Mose wusste das. »Herr«, betete er, »du bist unsere Wohnung gewesen von Geschlecht zu Geschlecht« (Psalm 90,1 – unrevidierte Elberfelder Übersetzung). Was für eine Vorstellung: Gott ist Ihre Wohnung! Ihre Wohnung ist der Ort, an dem Sie Ihre Schuhe wegschleudern, wo Sie mit den Fingern essen können, wenn Ihnen danach zu Mute ist, wo es Ihnen egal ist, wenn man Sie im Schlafanzug sieht.

Ihre Wohnung ist Ihnen vertraut. Niemand braucht Ihnen zu sagen, wo Ihr Schlafzimmer liegt, niemand muss Ihnen den Weg zur Küche zeigen. Nach den Mühen des Tages finden Sie es beruhigend, an einen Ort zu kommen, den Sie kennen. Gott kann Ihnen ebenso vertraut sein. Mit der Zeit werden Sie lernen, wohin Sie sich wenden können, wenn Sie Nahrung, Schutz oder Führung brauchen. Wie Ihr irdisches Haus eine Zufluchtsstätte ist, so ist Gottes Haus ein Ort des Friedens. Gottes Haus wurde noch nie geplündert, seine Mauern wurden noch nie eingerissen.

Das Haus Gottes

STOPP

Wenn wir Gott anbeten, wenden wir unser Denken weg von uns selbst und hin zu ihm. Es geht um IHN.

Gehen Sie beschwingt

Vor einigen Jahren wurde eine Gruppe Bergsteiger bei einer Expedition von einem Psychologen begleitet. Der stellte unter anderem einen gewissen Zusammenhang zwischen der Bewölkung und der Stimmung der Gruppe fest. Wenn keine Wolkendecke vorhanden und der Gipfel in Sicht war, zeigten die Bergsteiger Energie und auch Bereitschaft zur gegenseitigen Unterstützung. Wenn jedoch graue Wolken die Bergspitze verhüllten, wirkten die Bergsteiger unmotiviert und verhielten sich ichbezogen.

Ganz ähnlich geht es auch uns. Solange unsere Augen auf Gottes Majestät gerichtet sind, kommen wir beschwingt voran. Doch sobald wir unser Augenmerk auf den Schmutz unter uns lenken, nörgeln wir wegen jedem Stein und wegen jeder Felsspalte auf dem Weg. Deshalb ermahnt uns Paulus: »Da ihr mit Christus zu neuem Leben auferweckt wurdet, sucht Christus, der zur Rechten Gottes im Himmel sitzt. Denkt nicht an weltliche Angelegenheiten, sondern konzentriert eure Gedanken auf ihn« (Kolosser 3,1-2).

Das Haus Gottes

Der Glaube an die Zukunft
gibt Kraft für die Gegenwart.

Gottes Gedanken

WIR BITTEN UM GNADE, NUR UM ZU ENTDECKEN, DASS UNS SCHON VERGEBUNG GESCHENKT WURDE.
(WIE KONNTEST DU WISSEN, DASS ICH SÜNDIGEN WÜRDE?)

Wir bitten um Essen, nur um zu entdecken, dass schon für uns gesorgt wurde. (Wie konntest du wissen, dass ich Hunger haben würde?)

Wir bitten um Führung, nur um zu entdecken, dass die Antworten im Wort Gottes liegen. (Wie konntest du wissen, was ich mich fragen würde?)

Wir können uns einfach nicht vorstellen, was alles zu Gottes Einflussbereich gehört …

Gottes Gedanken sind nicht unsere Gedanken, sie sind unseren Gedanken nicht einmal *ähnlich*. Sie gleichen ihnen nicht einmal annähernd. Wir denken: *Bewahre den Leib*. Er denkt: *Rette die Seele*. Wir träumen von einer Gehaltserhöhung. Er träumt von der Auferstehung der Toten. Wir sind leidensscheu und suchen Frieden. Gott benutzt Leiden, um Frieden zu bringen. Wir beschließen: »Ich will leben, bevor ich sterbe.« Gott unterweist uns: »Stirb, damit du leben kannst.« Wir lieben, was verrottet. Er liebt, was beständig ist. Wir freuen uns über unsere Erfolge. Er freut sich über unser Sündenbekenntnis. Wir zeigen unseren Kindern den Olympiasieger mit dem gewinnenden Lächeln und sagen: »Werde wie er.« Gott zeigt auf den gekreuzigten Zimmermann mit den blutigen Lippen und der durchbohrten Seite und sagt: »Werde wie Jesus.«

Das Haus Gottes

Lehre uns beten

VATER UNSER, ICH DANKE DIR, DASS DU MICH IN DEINE FAMILIE AUFGENOMMEN HAST.

... der du bist
Danke, mein Herr,
dass du ein Gott der Gegenwart bist:
mein Jahwe-jireh (der Gott, der sorgt),
mein Jahwe-raah (der liebevolle Hirte),
mein Jahwe-shalom (der Herr ist Friede),
mein Jahwe-rophe (der Gott, der heilt)
und mein Jahwe-nissi (der Herr, mein Banner).

... im Himmel.
Deine Werkstatt der Schöpfung erinnert mich daran: Wenn du die Himmel schaffen konntest, kannst du auch einen Sinn in meinen Kämpfen erkennen.

Geheiligt werde dein Name.
Sei heilig in meinem Herzen.
Du bist höher als alles andere.
Mache mich fähig, meine Augen auf dich zu richten.

Dein Reich komme.
Ja, komme! Komm, Herr Jesus!
Herrsche du in jedem Winkel meines Lebens.

Dein Wille geschehe.
Zeige mir dein Herz, lieber Vater.
Zeige mir meine Rolle in deiner Passion.

Wie im Himmel, so auf Erden.
Danke, dass du den Himmel zum Schweigen bringst, um mein Gebet zu hören.

Unser tägliches Brot gib uns heute.
Ich nehme das an, was du mir für mein Leben heute zuteilst.
Ich überlasse dir meine Sorgen um mein Wohlergehen.

Vergib uns unsere Schuld.
Ich danke dir für das Dach der Gnade über meinem Kopf,
das zusammengehalten wird durch das Holz und die Nägel von Golgatha.
Nichts kann ich tun, um deine Barmherzigkeit zu verdienen oder größer zu machen.
Ich bekenne dir meine Sünden …

Wie auch wir vergeben unseren Schuldigern.
Behandle mich so, Vater, wie ich andere behandle.

Führe uns nicht in Versuchung.
Lass meine kleine Hand in deiner großen Hand geborgen sein.
Halte mich fest, damit ich nicht falle.

Unser Vater … gib uns … vergib uns … führe uns.
Lass deine Freundlichkeit über deiner ganzen Kirche sein.
Ich bete insbesondere für die Pfarrer in der Nähe
und die Missionare in der Ferne.

Dein – nicht mein – *ist das Reich.*
Ich lege dir meine Pläne zu Füßen.
Dein – nicht mein – *ist die Kraft.*
Ich bitte dich um Kraft.
Dein – nicht mein – *ist die Herrlichkeit.*
Ich gebe dir alle Ehre.

In Ewigkeit. Amen.

Das Haus Gottes

Meine persönlichen Ziele

für die nächsten drei Monate

für die nächsten sechs Monate

für das nächste Jahr

für die nächsten zwei Jahre

für die nächsten vier Jahre

für mein Leben

Schritte, die ich getan habe, um meine Ziele zu erreichen

für die nächsten drei Monate

für die nächsten sechs Monate

für das nächste Jahr

für die nächsten zwei Jahre

für die nächsten vier Jahre

für mein Leben

Lieblingsverse aus der Bibel, Zitate, Gedichte, Redensarten

Lieblingsbücher und Lieblingslieder

Orte, die ich besuchen möchte, Dinge, die ich tun möchte

Erkannt! Erledigt!

Notizen

Notizen